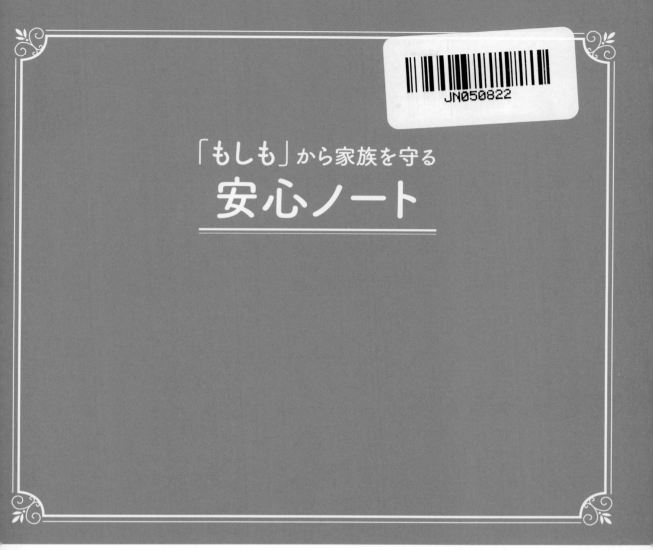

「もしも」から家族を守る
安心ノート

「もしも」のときに家族に伝えておきたい
私についての情報を記録します。

記入開始日

　　　　　　　年　　　　　月　　　　　日

名前

Gakken

JN050822

はじめに

　人間は誰しも、自分の希望や計画した通りに人生の最期を迎えられるとは限りません。「もしも」のときはいつ、誰にでもやってくる可能性があるのです。

　不慮の事故や病などで自分の意思を伝えられなくなったり、思うように動けなくなったりしたら…。

　そんなときのために活用していただけるよう、この安心ノートをお届けします。

　あなた自身の生い立ちや好きなこと、友人や知人といった大切な人のこと、お金をはじめとする資産や保険のこと、希望する葬儀の形など、誰にでもわかるようにここに記入しておきましょう。

　そうすれば、あなたの「もしも」のときにご家族があなたに代わってさまざまな手続きや希望することをおこなってくれるはずです。

　また、このノートのボリュームでは書ききれない方のために、該当ページを追加でダウンロードしてお使いいただけるサービスもお付けしました。ぜひご活用ください。

　このノートに記入することで家族とのつながりをあらためて感じ、あなたの足跡を振り返ると同時にこれから先の人生の希望や方向性を再確認するための一助となることを願っています。

目　次

第❶章　伝えておきたい
「私」のこと

第❷章　伝えておきたい
「大切な人」のこと

第❸章　伝えておきたい
「お金や保険」のこと

第❹章　伝えておきたい
“もしも”のエンディングノート

このノートの上手な活用方法

Point.1 まずは１ページ目に記入開始日とあなたの名前を書き込むところからはじめましょう。悩んだり考えたりして書き直すシーンも出てくるでしょうから、筆記用具は鉛筆や消せるボールペンなどを使うのもおすすめです。

Point.2 必ずしもはじめから順番に書かなくても OK。書きやすそうなところや気持ちが向かいやすい項目などから取り組んでみましょう。ただし、あなたの緊急時に必要な情報（健康状態、連絡してほしい人のリスト、預貯金や保険についてなど）はできるだけ先に書いておくことをおすすめします。

Point.3 「いつ」の情報なのかを明確にしておくためにも、記入日はその都度書きましょう。加筆や修正をした場合にも、その日付を記入しておくのがベストです。

Point.4 記入したノートは紛失しないよう、大切に保管を。どこに保管してあるかは、信用のおける人にだけ伝えておきましょう。

Attention このノートは遺言書などのような公的書類ではないため、記入した内容に法的効力はありません。しかし、突然やってくる「もしも」のときのために、ぜひご家族へこのノートを残しておくことをおすすめします。あなたの希望することや必要な手続きなどについて、あなたに代わって重要な判断や決断をしなければならないのはご家族です。ご家族の負担や後悔を極力軽くするためにも記入しておきましょう。法的効力を持つ書類の作成は、お近くの公証役場（https://www.koshonin.gr.jp/list）へ相談してください。

たくさん書き込みたいページや、後日更新が必要になりそうなページは、
追加でダウンロードしていただくことが可能です。
以下にアクセスしてご利用ください。

↓

https://hon.gakken.jp/book/2380199900

第 1 章

伝えておきたい
「私」のこと

まずは自分自身のことを振り返りながら
書き込んでみましょう。
整理できると、備忘録にもなるうえ、
将来へ向けての方向性も見えてきます。

私について

まずはあなたの基本情報を記入しましょう。ここに記載する情報は、あなたがもしものときに最も重要かつベースとなるものです。書き足したい項目があれば、下の MEMO 欄も活用してください。

ふりがな	（旧姓）	生年月日
名前	（　　　　　）	年　　月　　日

血液型	身長	体重
型	cm	kg

本籍地　〒

出生地　〒

現住所　〒

電話番号	携帯電話番号	FAX 番号

パソコンメールアドレス	携帯電話メールアドレス

勤務先名／所属団体名／学校名

所在地　〒

電話番号	FAX 番号

［MEMO］

私の経歴

あなたが通った学校、働いてきた会社やその勤務内容、住んでいたところなどを書き込んでいきましょう。当時を思い出しながらわかる範囲で記入します。趣味や特技についても自由に書いてみましょう。

▪ 通った学校 [学歴]

▪ 勤務した会社など [職歴]

▪住んでいたところ［居住歴］

▪趣味や特技

私の人生の歩み

あなたのこれまでの人生における節目のできごとや転機などを振り返ってみましょう。いつどんなことがあったかを簡単にまとめてみてください。現在から過去へ順番に遡って書いてもかまいません。

_____年
_____歳

_____年
_____歳

_____年
_____歳

[MEMO]

　　　　　　　　年
　　　　　　　　歳

　　　　　　　　年
　　　　　　　　歳

　　　　　　　　年
　　　　　　　　歳

　　　　　　　　年
　　　　　　　　歳

［MEMO］

＿＿＿＿＿＿　年
＿＿＿＿＿＿　歳

＿＿＿＿＿＿　年
＿＿＿＿＿＿　歳

＿＿＿＿＿＿　年
＿＿＿＿＿＿　歳

＿＿＿＿＿＿　年
＿＿＿＿＿＿　歳

［MEMO］

私の人生でうれしかったこと

これまでの人生で、とくに心に残っているうれしかったできごとは何ですか？ いつのことでも、どんなことでもかまいません。幸せな思い出をゆっくりと振り返ってみましょう。

私のお気に入りの写真

いままでのたくさんの写真の中から、自分らしい表情が出ているものを選んでみましょう。また、その写真を撮影した時期や場所、誰が撮ってくれたものなのか、といった詳細も書いておくといいでしょう。

※いちばん下から貼るとコメント欄に書き込みやすくなります。

コメント ▶

の　　り　　し　　ろ

コメント ▶

の　　り　　し　　ろ

コメント ▶

の　　り　　し　　ろ

私の好きなものや苦手なもの

あなたの好きなものや好きなことをさまざまなジャンルから思い浮かべ、書き込んでみましょう。また、苦手なものなども合わせて記入してみてください。自由に書き込む MEMO 欄もご活用ください。

■ 好きなもの・こと

□ 食べ物

□ 飲み物

□ 映画

□ 本／雑誌

□ 作家

□ 花

□ 音楽

□ スポーツ

□ テレビやラジオの番組

□ 有名人

□ ファッションブランド

□ レストラン

□ 国や街

□ 色

□ 言葉（座右の銘）

[MEMO]

■ **そのほかの好きなもの・こと**

■ **苦手なもの・こと**

□ 食べ物

□ 飲み物

□ そのほかで苦手なもの

私が大切にしたい時間

あなたが幸せや充実感に満ちるのはどんな時間ですか。大切にしたい時間について書いてみましょう。趣味や生活、どんなシーンの中から選んでもかまいません。

私がこれからやりたいこと

これから先の人生でやってみたいことや挑戦したいことを書いてみましょう。いままでやりたくてもできなかったことなども思い出しながら、自由に書き込んでみてください。

「将来の私」へ
いまの自分からのメッセージ

現在の自分から将来の自分へメッセージを書いてみましょう。1年後、5年後、10年後…どのぐらい先かは自由に決めてかまいません。まだ見ぬ自分への希望や応援などを想像して記入してください。

伝えておきたい「私」のこと

自由記述

ここまでで書ききれなかった自分のことをあらためて考えてみましょう。家族や友人に伝えておきたいこと、知っておいてもらいたいことなど、何でも自由に書き込んでみましょう。

第2章

伝えておきたい
「大切な人」のこと

ここではあなたの大切な人についての
情報をまとめておきましょう。
家族や親族、友人など周囲との交友関係を
ほかの人にもわかるようにしておくと
「もしも」のときにも役立ちます。

私の家族について

自分の家族についての情報を書き込みましょう。すでに住所録などがあればコピーして貼ったり、書ききれない場合は別紙に記入して貼付したりして完成させていきましょう。

ここに貼ってください

ふりがな	続柄	生年月日
名前		年　　月　　日

現住所　　〒

電話番号	携帯電話番号	FAX 番号

メールアドレス　（パソコン）	血液型
（携帯電話）	型

勤務先／学校	備考

ふりがな	続柄	生年月日
名前		年　　月　　日

現住所　　〒

電話番号	携帯電話番号	FAX 番号

メールアドレス　（パソコン）	血液型
（携帯電話）	型

勤務先／学校	備考

ふりがな	続柄	生年月日
名前		年　　月　　日

現住所　　〒

電話番号	携帯電話番号	FAX 番号

メールアドレス　（パソコン）	血液型
（携帯電話）	型

勤務先／学校	備考

［注］すでに住所録などのデータを、パソコンや携帯電話に保存している場合は、プリントアウトして貼るか、データの所在を右ページのMEMO欄に記入してください。これ以降のページも必要に応じて同様に対応してください。

ふりがな		続柄	生年月日		
名前				年 月 日	

現住所　〒

電話番号	携帯電話番号	FAX 番号

メールアドレス　（パソコン）		血液型
（携帯電話）		型

勤務先／学校	備考

ふりがな		続柄	生年月日		
名前				年 月 日	

現住所　〒

電話番号	携帯電話番号	FAX 番号

メールアドレス　（パソコン）		血液型
（携帯電話）		型

勤務先／学校	備考

ふりがな		続柄	生年月日		
名前				年 月 日	

現住所　〒

電話番号	携帯電話番号	FAX 番号

メールアドレス　（パソコン）		血液型
（携帯電話）		型

勤務先／学校	備考

伝えておきたい「大切な人」のこと

［MEMO］

_____

_____

_____

_____

私の親族について

家族以外の自分の親族についても情報を整理しておきましょう。家族が見てもわかるように、普段の呼び名や愛称も書いておくと役立ちます。続柄は正確に具体的に書いておくことが大切です。

ふりがな	呼び名・愛称	続柄
名前		

現住所　〒	電話番号

連絡をするとき　　□入院　□危篤　□通夜・葬儀　□その他（　　　　　　　　）　□知らせない

備考

ふりがな	呼び名・愛称	続柄
名前		

現住所　〒	電話番号

連絡をするとき　　□入院　□危篤　□通夜・葬儀　□その他（　　　　　　　　）　□知らせない

備考

ふりがな	呼び名・愛称	続柄
名前		

現住所　〒	電話番号

連絡をするとき　　□入院　□危篤　□通夜・葬儀　□その他（　　　　　　　　）　□知らせない

備考

ふりがな	呼び名・愛称	続柄
名前		

現住所　〒	電話番号

連絡をするとき　　□入院　□危篤　□通夜・葬儀　□その他（　　　　　　　　）　□知らせない

備考

ここに貼ってください

ふりがな 名前	呼び名・愛称	続柄
現住所　〒	電話番号	

連絡をするとき　　□ 入院　□ 危篤　□ 通夜・葬儀　□ その他（　　　　　）　□ 知らせない

備考

ふりがな 名前	呼び名・愛称	続柄
現住所　〒	電話番号	

連絡をするとき　　□ 入院　□ 危篤　□ 通夜・葬儀　□ その他（　　　　　）　□ 知らせない

備考

ふりがな 名前	呼び名・愛称	続柄
現住所　〒	電話番号	

連絡をするとき　　□ 入院　□ 危篤　□ 通夜・葬儀　□ その他（　　　　　）　□ 知らせない

備考

ふりがな 名前	呼び名・愛称	続柄
現住所　〒	電話番号	

連絡をするとき　　□ 入院　□ 危篤　□ 通夜・葬儀　□ その他（　　　　　）　□ 知らせない

備考

[MEMO]

親族表 わかる範囲でかまいませんので自分の親族につ

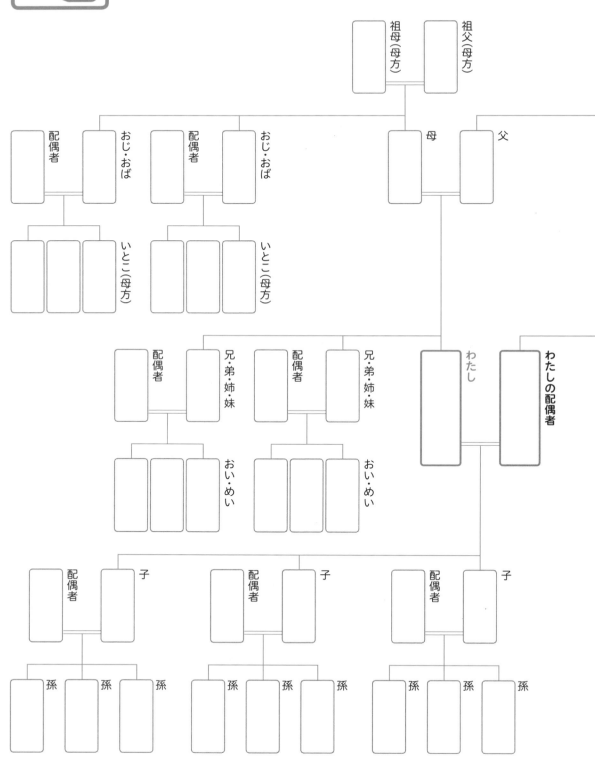

親族表の構成:

- 祖父（母方）・祖母（母方）
- 父・母
- おじ・おば（配偶者）・いとこ（母方）
- おじ・おば（配偶者）・いとこ（母方）
- わたし・わたしの配偶者
- 兄・弟・姉・妹（配偶者）・おい・めい
- 兄・弟・姉・妹（配偶者）・おい・めい
- 子（配偶者）・孫
- 子（配偶者）・孫
- 子（配偶者）・孫

　[注]名前などが思い出せない場合は、該当する囲み内に丸印を記入してください。

いて表にまとめておきましょう。相続を考える際の参考になります。

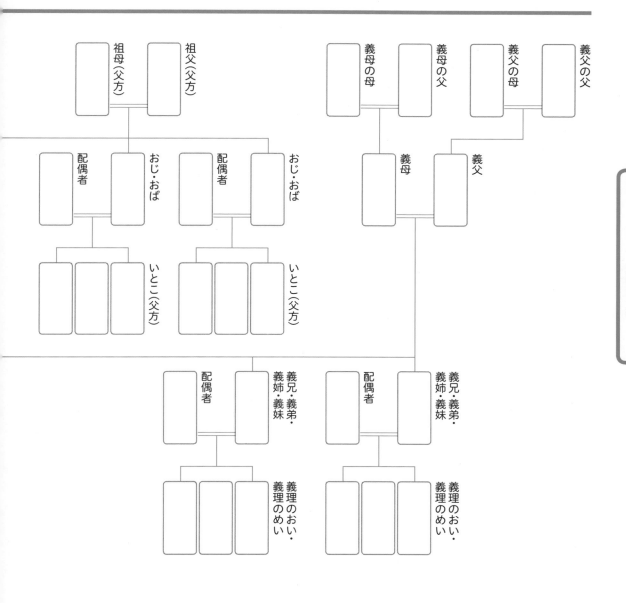

伝えておきたい「大切な人」のこと

[MEMO]

友人・知人について

自分の友人・知人の連絡先を記入しましょう。家族が見てもわかるように普段の愛称も書いておきます。また、間柄はいつの時代の同級生や同僚なのかといったことも具体的に書いておいてください。

ふりがな 名前	呼び名・愛称	間柄
現住所　〒		電話番号

連絡をするとき　□入院　□危篤　□通夜・葬儀　□その他（　　　　　　）　□知らせない

備考

ふりがな 名前	呼び名・愛称	間柄
現住所　〒		電話番号

連絡をするとき　□入院　□危篤　□通夜・葬儀　□その他（　　　　　　）　□知らせない

備考

ふりがな 名前	呼び名・愛称	間柄
現住所　〒		電話番号

連絡をするとき　□入院　□危篤　□通夜・葬儀　□その他（　　　　　　）　□知らせない

備考

ふりがな 名前	呼び名・愛称	間柄
現住所　〒		電話番号

連絡をするとき　□入院　□危篤　□通夜・葬儀　□その他（　　　　　　）　□知らせない

備考

ここに貼ってください

［注］すでに住所録などのデータを、パソコンや携帯電話に保存している場合は、プリントアウトして貼るか、データの所在を29ページのMEMO欄に記入してください。

ふりがな 名前	呼び名・愛称	間柄
現住所　〒		電話番号

連絡をするとき　　□入院　□危篤　□通夜・葬儀　□その他（　　　　　　　）□知らせない

備考

ふりがな 名前	呼び名・愛称	間柄
現住所　〒		電話番号

連絡をするとき　　□入院　□危篤　□通夜・葬儀　□その他（　　　　　　　）□知らせない

備考

ふりがな 名前	呼び名・愛称	間柄
現住所　〒		電話番号

連絡をするとき　　□入院　□危篤　□通夜・葬儀　□その他（　　　　　　　）□知らせない

備考

ふりがな 名前	呼び名・愛称	間柄
現住所　〒		電話番号

連絡をするとき　　□入院　□危篤　□通夜・葬儀　□その他（　　　　　　　）□知らせない

備考

伝えておきたい「大切な人」のこと

[MEMO]

私の大切な人へ

家族や友人、知人の中で、特に大切な人へ向けてメッセージを書いておきましょう。いまあなたが思っていることを、ひとことでもかまいませんので思いつくままに綴ってください。

_____ さんへ

＿＿＿＿＿＿＿＿＿＿

　　　　　　　　さんへ

　　　　　　　　さんへ

大切なペットについて

ペットは家族同然の大切な存在。最期まで面倒を見ることが叶わなくなったときのために、託す相手に伝わるようわかりやすく具体的に書いてください。服用中の薬などもあれば忘れずに。

ここに貼ってください

■ ペットの基本情報

名前		生物種　□イヌ　□ネコ　□鳥　□魚　□その他（　　　　　　）
種類	性別	年齢か飼育年数
登録番号	血統書　あり（　　　　　　　）に保管　なし	
マイクロチップの装着　□あり　□なし		
食事　（いつものごはん）		
（好きなごはん）　　　　　　　　　（嫌いなごはん）		
病気やケガ	避妊手術や去勢手術など　□未　□済	
1日のサイクル（食事や散歩など）		
備考		

■ かかりつけの獣医

獣医名	電話番号	備考
所在地　〒		

■ 加入しているペット保険

保険会社名	電話番号	保険証の保管場所
保険の内容や請求方法		

■ 行きつけのトリミングサロン、しつけ教室

名称	内容	電話番号
名称	内容	電話番号

■ 預かってくれる人や施設

名前／施設名	電話番号
名前／施設名	電話番号

■ 世話をできなくなったときの希望

第 3 章

伝えておきたい
「お金や保険」のこと

預貯金や資産、保険など、
自分のお金に関する情報も整理しましょう。
いざというときに見落としがちな
デジタル資産なども確認してみてください。

預貯金のこと

現在取引のある金融機関の口座の情報を書き込んでいきましょう。
銀行や郵便局はもちろん、インターネット銀行などもあれば忘れず
に。各口座の用途やサービス内容などは備考欄に書きます。

金融機関名	支店名・店番号	預貯金の種類 □普通　□定期 □その他（　　　　　）
口座番号	名義人	
WEB 用 ID	備考	

金融機関名	支店名・店番号	預貯金の種類 □普通　□定期 □その他（　　　　　）
口座番号	名義人	
WEB 用 ID	備考	

金融機関名	支店名・店番号	預貯金の種類 □普通　□定期 □その他（　　　　　）
口座番号	名義人	
WEB 用 ID	備考	

金融機関名	支店名・店番号	預貯金の種類 □普通　□定期 □その他（　　　　　）
口座番号	名義人	
WEB 用 ID	備考	

[注]口座の暗証番号やパスワードは絶対に書かないでください。悪用されることがあります。

[注]通帳と印鑑の保管場所は、絶対に書かないでください。信頼できる人に口頭で伝えてください。

金融機関名	支店名・店番号	預貯金の種類 □ 普通　□ 定期 □ その他（　　　　　）
口座番号	名義人	
WEB用ID	備考	

金融機関名	支店名・店番号	預貯金の種類 □ 普通　□ 定期 □ その他（　　　　　）
口座番号	名義人	
WEB用ID	備考	

金融機関名	支店名・店番号	預貯金の種類 □ 普通　□ 定期 □ その他（　　　　　）
口座番号	名義人	
WEB用ID	備考	

金融機関名	支店名・店番号	預貯金の種類 □ 普通　□ 定期 □ その他（　　　　　）
口座番号	名義人	
WEB用ID	備考	

金融機関名	支店名・店番号	預貯金の種類 □ 普通　□ 定期 □ その他（　　　　　）
口座番号	名義人	
WEB用ID	備考	

伝えておきたい「お金や保険」のこと

口座自動引き落としのこと

金融機関の口座から、公共料金や携帯電話の料金などがどのように引き落とされているかをまとめて一覧にしておきましょう。口座を変更する際や家族が確認したいときに役立ちます。

項目	金融機関名・支店名	口座番号	引き落とし日	備考
1　電気料金				
2　ガス料金				
3　水道料金				
4　電話料金				
5　携帯電話料金				
6				
7				
8				
9				
10				
11				
12				

[MEMO]

有価証券などのこと

株券や国債などの有価証券、そのほかの金融資産の情報も整理して記入しておきましょう。自分以外は知らない場合も多い情報ですので、できるだけ具体的に書くようにします。

▪ 証券口座

証券会社名	取引店	連絡先電話番号・担当者
口座番号	名義人	
銘柄	WEB 用 ID	
備考		

証券会社名	取引店	連絡先電話番号・担当者
口座番号	名義人	
銘柄	WEB 用 ID	
備考		

証券会社名	取引店	連絡先電話番号・担当者
口座番号	名義人	
銘柄	WEB 用 ID	
備考		

▪ その他の金融資産

名称・銘柄・内容	名義人	取扱会社	連絡先電話番号・備考

[注]口座の暗証番号やパスワードは絶対に書かないでください。悪用されることがあります。
[注]通帳と印鑑の保管場所は、絶対に書かないでください。信頼できる人に口頭で伝えてください。

伝えておきたい「お金や保険」のこと

私の自家用車のこと

生活の足として慣れ親しんだ自家用車も大切な財産のひとつ。自分に代わってまわりの人にさまざまな手続きをしてもらうときのために、愛車に関する情報を具体的に整理しておきましょう。

▪ 愛車の基本情報

車種	メーカー
年式	排気量　　　　　　　cc	色
ナンバー	名義人
付き合いのあるディーラーや販売店名	
電話番号	担当者

▪ ローンについて

マイカーローン　　□ あり　□ なし	金融機関名
電話番号	月々の支払い　　　　　　　円（毎月　　日）
引き落とし口座	最終支払い月　　　　　　　円（毎月　　日）

▪ 自動車保険について

契約中の任意の自動車保険　　□ あり　□ なし	保険会社名
電話番号	月々の支払い　　　　　　　円（毎月　　日）
引き落とし口座	最終支払い月　　　　　　　円（毎月　　日）

▪ 駐車場について

貸し駐車場の契約　　□ あり　□ なし	駐車場名
持ち主や担当の不動産屋	電話番号
月々の使用料　　　　　　　円	引き落とし口座

■ 愛車についての希望や伝えておきたいこと

※車を譲りたい相手や希望の下取り先、現在の車のコンディションや整備状況などもわかる範囲で書いておきましょう。

■ 車の写真を添付しましょう

の　　り　　し　　ろ

の　　り　　し　　ろ

[注] 2台以上所有している人は、このページをコピーして活用してください。

不動産のこと

自分が所有している不動産の情報を整理して記入しておきましょう。住んでいる自宅のほか、相続や資産運用のために持っている土地・建物のすべてについて書いてください。

種類	□ 土地　　□ 建物　　□ マンション・アパート　　□ 田畑　　□ その他（　　　　　）

詳細

名義人と持ち分	（名前）　　　　　　　　　　　　％　　（名前）　　　　　　　　　　　　％
	（名前）　　　　　　　　　　　　％　　（名前）　　　　　　　　　　　　％

所在地・地番など

登記簿記載内容	抵当権／　□ 設定なし　　□ 設定あり	面積

備考

種類	□ 土地　　□ 建物　　□ マンション・アパート　　□ 田畑　　□ その他（　　　　　）

詳細

名義人と持ち分	（名前）　　　　　　　　　　　　％　　（名前）　　　　　　　　　　　　％
	（名前）　　　　　　　　　　　　％　　（名前）　　　　　　　　　　　　％

所在地・地番など

登記簿記載内容	抵当権／　□ 設定なし　　□ 設定あり	面積

備考

種類	□ 土地　　□ 建物　　□ マンション・アパート　　□ 田畑　　□ その他（　　　　　）

詳細

名義人と持ち分	（名前）　　　　　　　　　　　　％　　（名前）　　　　　　　　　　　　％
	（名前）　　　　　　　　　　　　％　　（名前）　　　　　　　　　　　　％

所在地・地番など

登記簿記載内容	抵当権／　□ 設定なし　　□ 設定あり	面積

備考

年金のこと

公的年金と、企業年金や個人年金などの私的保険についての情報を書き込みましょう。ただし、個人年金保険は保険と位置づけ、次の42〜43ページに記入してください。

■ 公的年金

基礎年金番号

加入したことのある
年金の種類 　　　□ 国民年金　　□ 厚生年金　　□ 共済年金　　□ その他（ 　　　　　　　　）

年金コード（年金をもらっている人は記入）

受給日（受給開始日） 　　　　　　　　　　　　受給金額（予測受給金額）

年金の受取口座 　　　　　　　　　　　　　　　最寄りの年金事務所など

備考

■ 私的年金

名称	連絡先名・電話番号	備考

[MEMO]

_____

_____

_____

_____

_____

伝えておきたい「お金や保険」のこと

[注] 受給申請や死亡時の連絡は、公的年金だけでなく私的年金についてもおこないましょう。

保険のこと

現在加入している生命保険、医療保険、自動車保険、火災保険、地震保険、個人年金保険などについて、あなた以外の家族でもわかるようなるべく詳しく情報を書き込んでおきましょう。

	保険会社名	保険の種類や商品名	主にどんなときに請求するか	契約者名	誰(何)に保険をかけているか	保険金受取人
例	○○生命	定額保険Aコース	病気やケガによる死亡・入院	○○○○	○○○○	○○○○
1						
2						
3						
4						
5						
6						
7						
8						
9						

ここに貼ってください

[注]付帯の特約保険は、備考欄に記入しましょう。
[注]保険会社から送られてくる内容確認の書類などを添付するだけでもよいでしょう。

［MEMO］　保険証書の保管場所などを記入してください。

証券番号	保険期間	保険料	連絡先電話番号・担当者	保険金額や特約などの内容	備考
A-123-45-BB678	20XX.X.X～20XX.X.X	3000円/月	090-0000-0000 ○○さん	医療特約:5000円/日 死亡時:4000万円	

伝えておきたい「お金や保険」のこと

デジタル資産のこと

最近では、自分のデジタル資産について確認しておくことも大事になってきました。セキュリティ面での心配があれば、パスワードはここには書かず、専用のメモ帳等に記入しておくとよいでしょう。

▪ パソコン・タブレット

メーカー・型番		ログイン時のパスワード	
□ 見てほしいデータがある	フォルダ名		場所
□ 見ずに削除してほしいデータがある	フォルダ名		場所
メーカー・型番		ログイン時のパスワード	
□ 見てほしいデータがある	フォルダ名		場所
□ 見ずに削除してほしいデータがある	フォルダ名		場所
ネット接続のプロバイダ名		連絡先	
登録メールアドレス	会員 ID		パスワード
ネット接続のプロバイダ名		連絡先	
登録メールアドレス	会員 ID		パスワード

▪ 外付けハードディスク・USB メモリなどの外部記憶媒体

記憶媒体の見た目の特徴・メーカー名		（あれば）ログイン時のパスワード	
□ 見てほしいデータがある	フォルダ名		場所
□ 見ずに削除してほしいデータがある	フォルダ名		場所

▪ Google ドライブ・iCloud などのオンラインストレージ

名称	ログイン時の ID	ログイン時のパスワード	
□ 見てほしいデータがある	フォルダ名		場所
□ 見ずに削除してほしいデータがある	フォルダ名		場所

■ スマートフォン・携帯電話

メーカー・型番		ロック解除のパスワード
契約会社	連絡先	名義人
契約電話番号	メールアドレス	
Apple ID、Google アカウントなど		パスワード

スマホ内課金アプリや定額制（サブスクリプション）サービスの名称

	□年額　□月額	円
	□年額　□月額	円
	□年額　□月額	円
	□年額　□月額	円
	□年額　□月額	円

■ 総合 IT サービスのアカウント

□ Googleアカウント　　□ Apple ID　　□ Microsoftアカウント　　□ Amazonアカウント
□ Yahoo! ID　　□ その他（　　　　　　　　　　　　　　　　　　　）

会員 ID や登録メールアドレス	パスワード
会員 ID や登録メールアドレス	パスワード
会員 ID や登録メールアドレス	パスワード
会員 ID や登録メールアドレス	パスワード

■ 定額制（サブスクリプション）サービス・課金サービス

サービスの名称	会員 ID や登録メールアドレス	パスワード

■ ネットショッピング

ショッピングサイトの名称	会員 ID や登録メールアドレス	パスワード

そのほかの資産のこと

美術品や貴金属、骨董品やブランド品などの情報を記入しておきましょう。加えて、誰かにお金を貸している場合も、それについてなるべく詳しく書き残しておくと役立ちます。

▪ そのほかの現物資産

名称・内容	評価額など	保管場所	備考

▪ 貸金庫・レンタル金庫・トランクルームなど

契約会社	連絡先電話番号	場所	保管しているもの	備考

▪ 貸しているお金

貸した相手の名前	連絡先電話番号
貸した日	貸した金額

借用証書の有無	□ なし　□ あり（保管場所：　　　　　　　　　　　　　　　　）
返済状況	残債　　　　　　　　　　　　円（　　　年　　　月　　　日現在）
備考	

借入金やローンのこと

借入金やローンなど、現在自分が抱えている負債の情報もきちんと書いておきましょう。誰かの借金の保証人になっている場合は、その情報についても詳しく記入しておいてください。

■ 借入金

借入先		電話番号		借入額	円（　年　月　日現在）
借入目的		返済方法		借入残高	円（　年　月　日現在）
返済銀行口座					
完済予定日　　年　　月　　日		担保の有無　□なし　□あり（　　　　　　　　）			
保証人の有無　□なし　□あり（名前：　　　）		備考			

借入先		電話番号		借入額	円（　年　月　日現在）
借入目的		返済方法		借入残高	円（　年　月　日現在）
返済銀行口座					
完済予定日　　年　　月　　日		担保の有無　□なし　□あり（　　　　　　　　）			
保証人の有無　□なし　□あり（名前：　　　）		備考			

借入先		電話番号		借入額	円（　年　月　日現在）
借入目的		返済方法		借入残高	円（　年　月　日現在）
返済銀行口座					
完済予定日　　年　　月　　日		担保の有無　□なし　□あり（　　　　　　　　）			
保証人の有無　□なし　□あり（名前：　　　）		備考			

■ ローン・キャッシングなど

借入先	電話番号	借入残高	備考
		円（　年　月　日現在）	
		円（　年　月　日現在）	
		円（　年　月　日現在）	
		円（　年　月　日現在）	

■ 債務保証（借金の保証人など）

保証した日	保証した金額
主債務者（お金を借りた人）	電話番号
債務者（お金を貸した人）	電話番号
備考	

[注]借金や債務保証などの負債も相続の対象になります。
家族に負債を相続させないためにもできるだけ具体的に記入しておきましょう。

クレジットカードや
電子マネーのこと

現在所有しているクレジットカードや電子マネーの情報を記入しましょう。書き留めておけば紛失時にも役立ちます。また、長期間使用していないカードは解約等の検討もしてみましょう。

■ クレジットカード

カード名称	ブランド	カード番号
紛失時の連絡先名・電話番号		WEB 用 ID
備考		

カード名称	ブランド	カード番号
紛失時の連絡先名・電話番号		WEB 用 ID
備考		

カード名称	ブランド	カード番号
紛失時の連絡先名・電話番号		WEB 用 ID
備考		

カード名称	ブランド	カード番号
紛失時の連絡先名・電話番号		WEB 用 ID
備考		

カード名称	ブランド	カード番号
紛失時の連絡先名・電話番号		WEB 用 ID
備考		

カード名称	ブランド	カード番号
紛失時の連絡先名・電話番号		WEB 用 ID
備考		

［注］クレジットカードの有効期限や暗証番号、パスワードは絶対に書かないでください。
48　［注］カード番号は全部を書かずに、一部は「XXXX」のような伏せ字にしてもかまいません。

カード名称	ブランド	カード番号
		｜｜｜｜ － ｜｜｜｜ － ｜｜｜｜ － ｜｜｜｜
紛失時の連絡先名・電話番号		WEB 用 ID

備考

カード名称	ブランド	カード番号
		｜｜｜｜ － ｜｜｜｜ － ｜｜｜｜ － ｜｜｜｜
紛失時の連絡先名・電話番号		WEB 用 ID

備考

カード名称	ブランド	カード番号
		｜｜｜｜ － ｜｜｜｜ － ｜｜｜｜ － ｜｜｜｜
紛失時の連絡先名・電話番号		WEB 用 ID

備考

カード名称	ブランド	カード番号
		｜｜｜｜ － ｜｜｜｜ － ｜｜｜｜ － ｜｜｜｜
紛失時の連絡先名・電話番号		WEB 用 ID

備考

▪ 電子マネー・ポイントカード

カード名	番号	紛失時の 連絡先名・電話番号	備考

[注] ポイントカードにクレジット機能が付いているカードや、普段使っていないカードの情報も記入しておきましょう。

身のまわりの大事なもののこと

そのほかの身のまわり品や、本人であることを確認できる公的書類などについての情報も記入しておきましょう。紛失した際にも活用できます。

■ 保険証・免許証・パスポートなど

名称	記号・番号など	保管場所	備考
健康保険証			
介護保険証			
後期高齢者医療保険証			
運転免許証			
パスポート			

■ カギについて

種類	保管場所	備考
金庫のカギ		
自家用車のカギ		
自転車のカギ		
家のカギ		

[MEMO]

第 4 章

伝えておきたい
"もしも" の
エンディングノート

自分の「最期」をどのように迎えたいか、
希望をじっくりと考えてみましょう。
自分の意思表示が難しくなってきたときには
家族にわかりやすく伝わるよう記入します。

健康状態のこと

自分の健康状態に関する情報を記入しましょう。かかりつけの医療機関やこれまでの病歴、現在常用している薬なども書き留めてコピーして持ち歩くと、いざというときに役立ちます。

身長	cm	体重	kg	血液型	型

アレルギーや
健康上の注意点など

■ かかりつけの病院・診療所

病院・診療所、診療科	担当医師名	電話番号	通院目的・その他

■ 過去にかかったことのある病気

病名・症状	通院・入院期間	病院・診療所

■ 持病や常用している薬

病名・症状	薬名	薬の保管場所	医療機関・担当医	連絡先

［注］現在使っている「お薬手帳」をコピーして貼ってもよいでしょう。

「もしも」のときに連絡してほしい人

入院したり寝たきりになったり、または亡くなったり…急に起こりうる「もしも」の状況に備えて、その際に連絡してほしい人のリストを作成しておきましょう。

■ 入院

名前（ふりがな）	間柄・続柄	連絡先電話番号	備考
（　　　　　）			
（　　　　　）			
（　　　　　）			
（　　　　　）			
（　　　　　）			

■ 危篤

名前（ふりがな）	間柄・続柄	連絡先電話番号	備考
（　　　　　）			
（　　　　　）			
（　　　　　）			
（　　　　　）			
（　　　　　）			

■ 通夜・葬儀

名前（ふりがな）	間柄・続柄	連絡先電話番号	備考
（　　　　　）			
（　　　　　）			
（　　　　　）			
（　　　　　）			
（　　　　　）			

伝えておきたい「**もしも**」のエンディングノート

[注] 22〜25ページ、28〜31ページのリストも参考にして記入してください。

看護や介護のこと

自分に看護や介護が必要になった際の希望を書いておきましょう。
事故やケガ、認知症などで判断能力が衰えたり、意思を伝えられな
くなったりしたときの備えになります。

■ 自分以外の判断が必要なときに、意見を求める人

名前（続柄・間柄）	連絡先電話番号
（　　　　　　　）	

■ 看護・介護が必要になったときにお願いしたい人

配偶者（名前）	連絡先電話番号
子ども（名前）	連絡先電話番号
その他の人（名前）	連絡先電話番号

■ 自分で財産の管理ができなくなったときにお願いしたい人

家族・親族	名前	続柄	連絡先電話番号
特定の人（依頼済み）	名前	間柄	連絡先電話番号
委任契約　□あり　□なし　　　委任後見契約　□あり　□なし			
特定の人（依頼無し）	名前	間柄	連絡先電話番号

■ 看護・介護が必要になったときの希望

□ 自宅で、介護は家族にお願いしたい（介護保険によるサービスも適宜利用）

□ 自宅で、ヘルパーなどのプロに手伝ってもらいながら、家族と過ごしたい

□ 施設や病院の介護を利用したい

希望施設・病院名	連絡先電話番号

□ 家族・親族に判断をまかせる

□ その他

■ 看護・介護、医療の費用

□ 預貯金や年金など自分の財産を使ってほしい

□ 保険に加入している

保険会社名	保険の種類	連絡先電話番号

□ 家族・親族に判断をまかせる

□ その他

■ 看護・介護をしてくれる人に伝えたいこと

■ そのほかについて

・食べ物のこと

・身のまわりのこと

・服装のこと

・ペットや育てている花などのこと

告知や延命措置のこと

自分の病名や余命の告知を希望するかどうかや、回復の見込みのない状態での延命治療をおこなうか、などについて記入しましょう。その状況になった際に家族やまわりの人の助けになります。

▪ 自分の治療方針の判断

名前（　　　　　　　　　　　　　　　　）の意見を尊重して決めてください

連絡先電話番号

▪ 病名・余命の告知

☐ 病名も余命も告知しないでほしい

☐ 病名のみ告知を希望

☐ 余命が（　　　　　　　）か月以上であれば、病名・余命とも告知を希望

☐ 余命の期間にかかわらず、病名・余命とも告知を希望

☐ その他　（　　　　　　　　　　　　　　　　　　　　　　　　　　　　　）

▪ 延命措置・終末医療（ホスピス）

延命措置

☐ 回復の見込みがなくても、延命措置をしてほしい

☐ 延命よりも苦痛を少なくすることを希望

☐ 回復の見込みがなければ、延命措置はしないでほしい

☐ 尊厳死を希望し、書面を作成している　　　☐ 保管場所（　　　　　　　　　）

☐ その他　（　　　　　　　　　　　　　　　　　　　　　　　　　　　　　）

終末医療

☐ ホスピスに入りたい　　☐ ホスピスには入りたくない　　☐ どちらでもよい

☐ その他　（　　　　　　　　　　　　　　　　　　　　　　　　　　　　　）

［注］告知や延命措置の判断を、家族やまわりの人に委ねるのは大きな負担になります。
自分の意思を記入しておくことで、家族やまわりの人の負担は軽くなります。

■ 臓器提供や献体

☐ 臓器提供のための意思表示カードを持っている　　保管場所（　　　　　　　　　　）

☐ 角膜提供のためのアイバンク登録証を持っている　保管場所（　　　　　　　　　　）

☐ 献体の登録をしている　登録した団体（　　　　　　　電話番号：　　　　　　　）

☐ 臓器提供や献体をしたくない

☐ どちらでもよい

☐ その他　（　　　　　　　　　　　　　　　　　　　　　　　　　　　　　　）

■ 告知や延命措置について伝えたいこと

伝えておきたい「もしも」のエンディングノート

[注]臓器を「提供したい」「提供したくない」のいずれの場合も意思を登録することができます。
詳しくは公益財団法人日本臓器移植ネットワークのホームページ（https://www.jotnw.or.jp/）を参照ください。

葬儀のこと

自分の葬儀をどのようにしてほしいか、希望を書いておきましょう。
生前予約をしている場合は、家族が見てもわかるようにその情報を
詳しく記入してください。

■ 葬儀社の生前予約

葬儀社名	電話番号
契約内容	
備考	

■ 葬儀の希望

☐ できるだけ盛大にしてほしい　　☐ 標準的にしてほしい

☐ 質素にしてほしい　　☐ しなくてもいい

☐ 家族・親族にまかせる　　☐ そのほかの人に頼む（名前）

備考

葬儀の宗教

☐ 仏教　　　　☐ キリスト教　　　☐ 神道

☐ その他の宗教（　　　　　　　　　　　）　☐ 無宗教

☐ 家族・親族にまかせる

☐ 菩提寺がある

名称	宗派
所在地	連絡先

備考

葬儀社や会場

☐ 特に考えていない　　　☐ 会員になっている（葬儀社名：　　　　　　　　　）

☐ 予約や入会はしていないが希望する葬儀会社がある（葬儀社名：　　　　　　　　）

☐ 予約や入会はしていないが希望する会場がある（会場名：　　　　　　　　　）

備考

葬儀の形式

☐ 通夜→葬儀・告別式→火葬　　　　☐ 家族で密葬→火葬→お別れ会

☐ 家族で密葬→火葬　　　　　　　　☐ 火葬のみ

☐ 家族・親族にまかせる　　　　　　☐ その他　（　　　　　　　　　　　　　）

備考

喪主や施主

名前（続柄）　　　　　　　（　　　　　）│連絡先電話番号

備考

戒名（法名・法号など）

☐ 標準的な戒名　　　　☐ 戒名はつけなくてよい　　　☐ 家族・親族に判断をまかせる

☐ すでに用意している（戒名：　　　　　　　　　連絡先電話番号：　　　　　　　　）

☐ その他　（　　　　　　　　　　　　　　　　　　　　　　　　　　　　　　　　）

備考

葬儀の費用

☐ 預貯金や年金など自分の財産を使ってほしい　　　☐ 家族・親族に判断をまかせる

☐ 保険に加入している

保険会社名	保険の種類	連絡先 電話番号

☐ その他　（　　　　　　　　　　　　　　　　　　　　　　　　　　　　　　　　）

備考

▪ そのほか、葬儀についてお願いしたいこと

- -
- -
- -
- -
- -
- -
- -

伝えておきたい「**もしも**」のエンディングノート

お墓や納骨のこと

お墓や納骨についての希望をまとめておきましょう。すでにお墓を用意している人はその情報を、ない人は自分の希望について具体的に記入してください。

▪ 希望する墓

☐ 先祖代々の墓　　☐ すでに購入している墓

墓地の名称	連絡先電話番号
所在地（区画番号）	
墓地使用権者	
備考	

☐ 新たにお墓を購入

（希望の場所など）

☐ 合祀の永代供養墓

（希望の場所など）

☐ 納骨堂

（希望の場所など）

☐ 樹木葬墓地

（希望の場所など）

☐ 散骨してほしい

（希望の場所など）

☐ 自宅においてほしい

（期間など）

☐ 家族・親族の判断にまかせる

備考

■ お墓を継承してほしい人

名前	続柄

連絡先電話番号

備考

■ お墓や納骨などにかかる費用

☐ 預貯金や年金など自分の財産を使ってほしい　　　☐ 家族・親族に判断をまかせる

☐ 保険に加入している

保険会社名	保険の種類	連絡先 電話番号

☐ その他　（　　　　　　　　　　　　　　　　　　　　　　　　　　　　　　　）

備考

■ その他、お墓や納骨についてお願いしたいこと

伝えておきたい「もしも」のエンディングノート

[注] お墓を継承してほしい人については、ここに書いても法的効力はありません。
法的効力を持たせるには、遺言書に書く必要があります。

遺言書や相続のこと

遺言書を作成している場合は、遺言執行者などの情報を記入しておきましょう。遺言書の有無がわかると、残された家族がおこなう手続き等の負担が軽減されます。

▪ 依頼・相談している専門家

☐ 遺言書を作成していない

☐ 遺言書を作成している

　　☐ 自筆証書遺言　　☐ 公正証書遺言　　☐ その他（　　　　　　　　　　　）

　　一番新しい遺言書を作成した日：　　　年　　　月　　　日

　　保管場所

▪ 遺言執行者

名前	職業	間柄・続柄
住所　〒		
連絡先電話番号		
備考		

名前	職業	間柄・続柄
住所　〒		
連絡先電話番号		
備考		

名前	職業	間柄・続柄
住所　〒		
連絡先電話番号		
備考		

▪依頼・相談している専門家

事務所名	名前	職種

住所　　〒

連絡先電話番号

依頼内容

- - - - - - - - - - - - - - - -

備考

事務所名	名前	職種

住所　　〒

連絡先電話番号

依頼内容

- - - - - - - - - - - - - - - -

備考

▪遺言に託す思いや相続に関する希望

[注]相続に関する希望については、ここに書いても法的効力はありません。
法的効力を持たせるには、遺言書を作成しておく必要があります。

伝えておきたい**「もしも」**のエンディングノート

STAFF

デザイン／平田治久（NOVO）
編集協力／細田操子（NOVO）

「もしも」から家族を守る 安心ノート

2023年4月6日　第1刷発行

編　者　　Gakken
発行人　　土屋　徹
編集人　　滝口勝弘
企画編集　亀尾　滋
発行所　　株式会社Gakken
　　　　　〒141-8416　東京都品川区西五反田2-11-8
印刷所　　大日本印刷株式会社

■この本に関する各種お問い合わせ先
・本の内容については、下記サイトのお問い合わせフォームよりお願いします。
　https://www.corp-gakken.co.jp/contact/
・在庫については　Tel 03-6431-1250（販売部）
・不良品（落丁、乱丁）については　Tel 0570-000577
　学研業務センター　〒354-0045 埼玉県入間郡三芳町上富279-1
・上記以外のお問い合わせは　Tel 0570-056-710（学研グループ総合案内）

©Gakken

本書の無断転載、複製、複写（コピー）、翻訳を禁じます。本書を代行業者等の第三者に依頼してスキャン
やデジタル化することは、たとえ個人や家庭内の利用であっても、著作権法上、認められておりません。
複写（コピー）をご希望の場合は、下記までご連絡ください。
日本複製権センター　https://jrrc.or.jp/
E-mail:jrrc_info@jrrc.or.jp
Ⓡ〈日本複製権センター委託出版物〉

学研グループの書籍・雑誌についての新刊情報・詳細情報は、下記をご覧ください。
学研出版サイト　　　https://hon.gakken.jp/